95

RELIGIONES DEL MUNDO

*Imagen de cubierta: la Virgen con
el niño en un icono ruso.
Detalle: cruz ortodoxa.
Página siguiente: una mujer joven
rezando en una iglesia de Belgrado
(Serbia) en 1998. Se puede ver
claramente el iconostasio y la
Anunciación representada sobre las
puertas reales.*

OLIVIER CLÉMENT

La Iglesia de los
ortodoxos

NEREA

Título original: *La chiesa degli Ortodossi*

International Copyright © 2006
by Editoriale Jaca Book spa, Milano
All rights reserved

© De la edición castellana:
Editorial Nerea, S. A., 2008
Aldamar, 36, bajo
20003 Donostia-San Sebastián
Tel. (34) 943 432 227
Fax (34) 943 433 379
nerea@nerea.net
www.nerea.net

© De la traducción del italiano:
Ariadna Viñas, 2008

Imagen de cubierta:
© Fotolia
Detalle: © istockphoto

ISBN colección: 978-84-96431-28-7
ISBN volumen: 978-84-96431-40-9

Diseño de cubierta y maquetación:
Eurosíntesis Global, S. L.

Impreso en Italia

ÍNDICE

Página anterior: parte central de las puertas reales pintadas en 1475 para el iconostasio de la iglesia de San Nicolás en el Monasterio de Gostinopolye de Novgorod (Rusia). En la parte superior se ve la Anunciación del ángel a María, que se muestra sorprendida, mientras que en la parte inferior de las hojas aparecen representados dos obispos. Las puertas se conservan actualmente en la Galería Tretiakov de Moscú. En las iglesias ortodoxas, el iconostasio separa el altar de la nave donde se concentran los fieles y está formado por una serie de iconos donde, además de la figura de Cristo, también aparecen representados santos, profetas y fiestas litúrgicas. Posee puertas laterales y centrales, estas últimas denominadas reales.

INTRODUCCIÓN

La Iglesia ortodoxa es, junto con la Iglesia católica de Roma y las Iglesias surgidas de la Reforma, una de las tres grandes expresiones del cristianismo. Posee un importante patrimonio de santidad y belleza, así como de inteligencia espiritual. Al igual que el catolicismo, la Iglesia ortodoxa se remonta a los orígenes del cristianismo y se considera fundada por Dios con la Encarnación y el Pentecostés.

El cristianismo ortodoxo se ha desarrollado principalmente en Oriente Medio y en el sudeste de Europa, por lo que normalmente se identifica el «Oriente cristiano» con esta área geográfica. Sin embargo, un importante movimiento misionero llevó la ortodoxia hasta el Pacífico septentrional y el África negra, aunque han sido sobre todo las migraciones económicas y políticas del siglo XX las que han favorecido una discreta presencia en todo Occidente.

La separación, jamás completa, entre el Oriente y el Occidente cristianos ha protagonizado un largo proceso con fases alternas que van desde la ruptura entre Roma y Constantinopla en el año 1045 hasta la proclamación de la infalibilidad pontificia, inaceptable para los ortodoxos, en 1870. Esta ruptura ha tenido, y sigue teniendo, causas culturales y políticas, aunque también en parte teológicas, principalmente en relación con el papel del primado universal del papa. En realidad se trata de dos percepciones que han llegado a ser complementarias a lo largo del primer milenio y que podrían volver a serlo. Tal vez de ello dependa el propio futuro del cristianismo.

Página anterior: crátera, vasija para el agua santa, del siglo XII, procedente de la catedral de Santa Sofía en Novgorod (Rusia) y conservada actualmente en el museo de la ciudad.

1. Un pope, o sacerdote ortodoxo griego, bendiciendo las aguas y los barcos amarrados en el puerto.

1
LA ORTODOXIA COMO RELIGIÓN MAYORITARIA: GRECIA

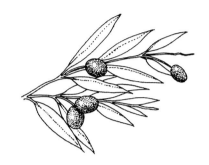

Grecia formó parte de un imperio musulmán, el Imperio otomano, desde el siglo XV hasta principios del XIX, y fue la Iglesia la que salvó su lengua y su cultura (las «escuelas secretas»). Por eso, para los griegos nación e Iglesia son inseparables. La fe en sí misma tiene menos peso que el profundo sentimiento de pertenencia.

La ortodoxia regula el tiempo y el espacio. Las fiestas litúrgicas marcan el ritmo del tiempo. Las personas no celebran los cumpleaños, sino las onomásticas, ya que

1

el nombre las une a la Comunión de los santos. El seis de enero, en la fiesta de la Teofanía, es decir, del bautismo de Jesús en el río Jordán, los sacerdotes, acompañados por la multitud, bendicen el mar y arrojan en él una cruz que los jóvenes sacarán de las gélidas aguas (los rusos hacen lo mismo, pero rompiendo el hielo de los ríos). Pascua es la gran fiesta del año: «¡Cristo ha resucitado!». Las familias celebran la comida de Pascua con un cordero criado durante los seis meses anteriores. Y en la fiesta de la Transfiguración, el seis de agosto, bendicen los frutos del verano.

La tierra griega está llena de santuarios, meta de peregrinajes, y hermosos monasterios, muchos de ellos —sobre todo los de monjas— rodeados de jardines paradisíacos.

1

2

El campo está sembrado de capillas que cuidan las familias. Todavía se veneran numerosos lugares precristianos, aunque bajo otro nombre: las fuentes están consagradas a la Madre de Dios, *fuente de vida,* y cada montaña cuenta con una capilla dedicada al profeta Elías (o, en el monte Athos, a la Transfiguración). También se celebran alegres

1. El Monasterio griego de Amorgos. Pegado a la roca y casi levantado sobre el mar, expresa perfectamente la unión entre la ortodoxia local y la tierra griega.
2. Las formas accidentadas y de difícil acceso del monte Athos, en Grecia, la montaña santa de la ortodoxia. Actualmente sede de numerosos monasterios, es desde la Antigüedad un lugar elegido por ermitaños y ascetas.

fiestas en las que no faltan los bailes populares. Además, no hay separación entre Iglesia y Estado. Los monjes del monte Athos pueden, por ejemplo, atenuar un conflicto entre Iglesia y Estado llevando personalmente hasta Atenas un icono especialmente venerado y los miembros del Gobierno acudir a recibirlo solemnemente.

Esta situación favorece sin duda la tentación del nacionalismo religioso o incluso de la demagogia, pero también permite cierta compenetración entre la existencia cotidiana y la cultura y la vida eclesiástica y litúrgica (un gran poeta como Elytis llegó a celebrar en una misma composición «el Athos y el Pindo», la montaña cristiana y la montaña pagana).

1. Una boda ortodoxa con el rito típico de la coronación, que significa que los esposos son soberanos el uno del otro y que el amor verdadero merece la corona del martirio, pues supone la muerte del egoísmo propio.

2

15

2
DIFUSIÓN DE LA ORTODOXIA

1. Construcción de la gran iglesia dedicada a san Sava, patrón de Serbia, en el centro de Belgrado a finales de la década de los ochenta del siglo XX. La majestuosidad de la construcción, de hormigón armado, respeta las formas arquitectónicas tradicionales.

1

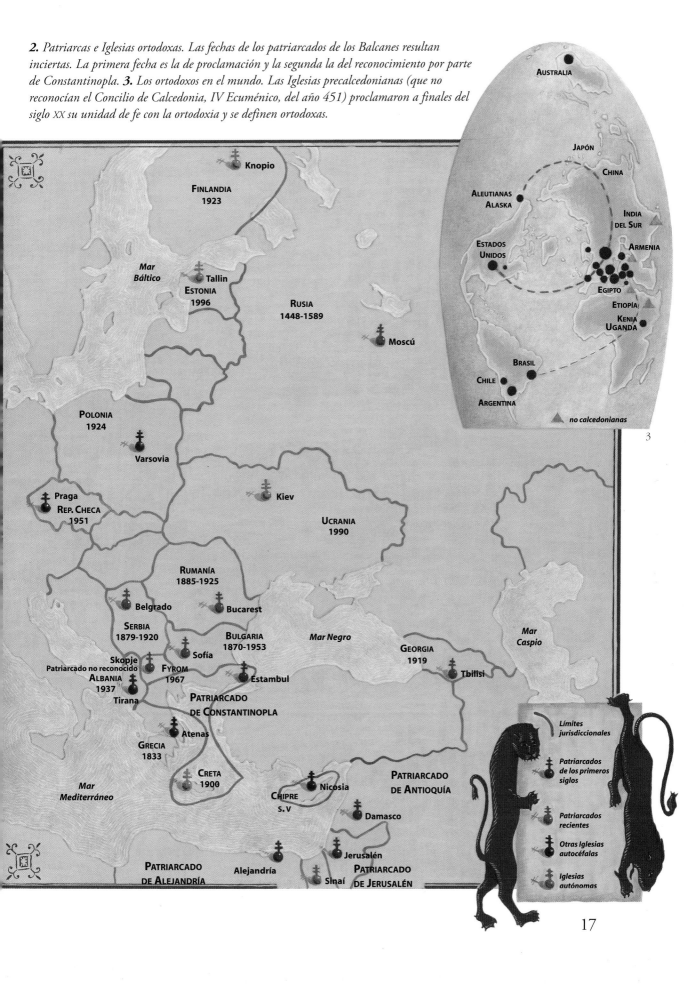

2. *Patriarcas e Iglesias ortodoxas. Las fechas de los patriarcados de los Balcanes resultan inciertas. La primera fecha es la de proclamación y la segunda la del reconocimiento por parte de Constantinopla.* **3.** *Los ortodoxos en el mundo. Las Iglesias precalcedonianas (que no reconocían el Concilio de Calcedonia, IV Ecuménico, del año 451) proclamaron a finales del siglo XX su unidad de fe con la ortodoxia y se definen ortodoxas.*

AUSTRALIA

JAPÓN

CHINA

ALEUTIANAS
ALASKA

INDIA
DEL SUR

ARMENIA

ESTADOS
UNIDOS

EGIPTO

ETIOPÍA

KENIA
UGANDA

BRASIL

CHILE

ARGENTINA

no calcedonianas

3

Knopio

FINLANDIA
1923

Mar
Báltico

Tallin
ESTONIA
1996

RUSIA
1448-1589

Moscú

POLONIA
1924

Varsovia

Praga
REP. CHECA
1951

Kiev

UCRANIA
1990

RUMANÍA
1885-1925

Belgrado

Bucarest

SERBIA
1879-1920

BULGARIA
1870-1953

Mar Negro

GEORGIA
1919

*Mar
Caspio*

Sofía

Skopje
Patriarcado no reconocido
FYROM
1967

ALBANIA
1937

Estambul

Tbilisi

Tirana

**PATRIARCADO
DE CONSTANTINOPLA**

Atenas

GRECIA
1833

CRETA
1900

Nicosia

**PATRIARCADO
DE ANTIOQUÍA**

*Mar
Mediterráneo*

CHIPRE
S. V

Damasco

Jerusalén

**PATRIARCADO
DE ALEJANDRÍA**

Alejandría

Sinaí

**PATRIARCADO
DE JERUSALÉN**

Límites
jurisdiccionales

Patriarcados
de los primeros
siglos

Patriarcados
recientes

Otras Iglesias
autocéfalas

Iglesias
autónomas

17

1. *Fieles entrando en un oficio litúrgico en el Monasterio de la Trinidad de San Sergio, en Sergiev Posad (Rusia). La población moscovita acude con frecuencia a este histórico monasterio.*
2. *Los rascacielos, símbolo presente y pasado de América, nos trasladan a la ciudad de Nueva York, que entre finales del siglo XIX y principios del XX fue testigo de la gran emigración rusa.*
3. *El capítulo siguiente recuerda la ciudad de Boston como una de las sedes más importantes de la expansión de la fe y la cultura ortodoxa en la diáspora en Occidente.*

3
UNA SITUACIÓN MINORITARIA: LA DIÁSPORA, EL EJEMPLO FRANCÉS

Durante el siglo XX, muchos ortodoxos emigran a Occidente empujados sobre todo por motivos políticos, especialmente después de la Revolución rusa, el dominio comunista en el sureste de Europa, el intercambio de población entre Grecia y Turquía y los conflictos de Oriente Medio. Francia disfruta de una situación privilegiada, pues en su territorio se establece una élite de pensadores rusos que da origen a la Escuela de París, caracterizada por dos corrientes: la rica y profética de la *filosofía religiosa* —Nikolái Berdjaev (1874-1948) y Serguéi Bulgakov

2

1. *La Catedral de San Basilio en Moscú, convertida en símbolo de la ciudad y de Rusia, y recuerdo constante de la tradición ortodoxa en la plaza Roja, incluso durante el régimen estalinista.*
2. *La Catedral de Saint Alexandre Nevski (París), construida en 1861 y originariamente iglesia de una embajada.*

1

2

3. *Desde París hasta América. La emigración ortodoxa de Rusia y Europa del Este atravesó el océano, e importantes comunidades de ortodoxos se establecieron en Estados Unidos.*

3

(1871-1944)— y la rígida de la renovación patrística y palamita —Georges Florovski (1893-1979), Vladímir Losski (1903-1958) y John Meyendorff (1925-1992)—. Surgen dos grandes centros de reflexión y enseñanza: el Instituto Saint-Serge en París y el Seminario de San Vladimiro, cerca de Nueva York (al que hay que añadir la Escuela Holy Cross, en Boston, de inspiración griega).

Las parroquias desempeñan un papel decisivo, tanto sociológico como espiritual, en el desarrollo de esta nueva ortodoxia. Muchas representan lugares de reunión donde se encuentran los emigrantes de unas y otras nacionalidades y sus descendientes. Por otra parte, la integración en la sociedad occidental supone el nacimiento de parroquias donde se hablan los idiomas locales, como el francés, el inglés o el holandés, y la publicación en estas lenguas de numerosas obras sobre el pensamiento y la espiritualidad de la ortodoxia como, por ejemplo, la publicación en italiano, inglés, francés o español de la *Filocalia,* una gran recopilación de teología mística. Se llevan a cabo reformas litúrgicas indispensables. Poco a poco, en un contexto de testimonio y participación, se va tomando conciencia de la universalidad de la ortodoxia. De ahí la importante función ecuménica de esta diáspora. La *oración de Jesús* y, sobre todo, el icono han traspasado ya las fronteras de la ortodoxia. Dividida en *jurisdicciones* que dependen de las Iglesias tradicionales, la diáspora oscila entre el conservadurismo nacionalista y el tímido avance de una nueva formación de Iglesias locales. Por otra parte, el esfuerzo unificador toma forma con la constitución en Francia de una asamblea de obispos presidida por el representante de Constantinopla. Sin embargo, Constantinopla no ha reconocido a la Iglesia autocéfala creada por Moscú en América del Norte, por lo que la ortodoxia se encuentra dividida en Estados Unidos y Canadá.

1. La Santa Faz, *Iglesia de Santa Trinidad en Vanves, en los alrededores de París. Obra contemporánea de un artista del siglo XX, simboliza, incluso en la diáspora, la continuidad del culto de los iconos y del propio talento para crearlos.*
2. La importación de iconos a Occidente ha sido notable, sobre todo de los iconos rusos realizados tras la caída de Constantinopla después de la Edad Media. Aquí puede verse una Madre de Dios procedente de Rusia y perteneciente a una colección privada alemana donada al Museo de Iconos de Recklinghausen.

4
LA HISTORIA COMO PROFECÍA, ADVERSIDAD E INTEGRISMO

1. La excomunión promulgada en el año 1054 por el papa León IX contra el patriarca de Constantinopla, Miguel, representada en un manuscrito griego conservado en Palermo. El papa Pablo VI y el patriarca Atenágoras levantaron en 1965 los anatemas que ambas Iglesias se habían intercambiado en aquella época.

1   2

2. Asedio de Constantinopla durante la cuarta cruzada, imagen procedente de un manuscrito español del siglo XIII. El saqueo de la ciudad y las profanaciones de los lugares sagrados abrieron aún más las heridas entre cristianos occidentales y orientales.

3. El refectorio del monasterio griego de Dionisio, en el monte Athos, donde Nicodemo el Hagiorita (1749-1809) hizo pública su profesión de fe. A él se debe la recopilación junto a Macario de Corinto de la Filocalia, *el texto que constituye desde entonces una fuente inagotable de inspiración espiritual.*

La historia de la ortodoxia está hecha de altibajos. Después de la gran época de los Padres de la Iglesia y de la teología bizantina, la mayoría de los países ortodoxos excepto Rusia se encuentra sometida al islam y lejos del proselitismo y el *uniatismo* de los católicos. La ortodoxia queda entonces reducida a una cultura monástica y rural. En el siglo XVIII, el Estado ruso, que se está modernizando, intenta instrumentalizar la Iglesia. El zar Pedro el

Grande elimina el patriarcado de Moscú y lo sustituye por un sínodo dirigido por un alto funcionario civil. A su vez, los sultanes ignoran al patriarcado de Constantinopla. Sin embargo, a finales de siglo la ortodoxia resurge gracias a una poderosa renovación espiritual caracterizada por la *oración de Jesús,* la publicación de la *Filocalia* y el desarrollo de una *paternidad* carismática. Esta renovación se abre camino desde Moldavia hasta el monte Athos, de Grecia

3

a Rusia, siguiendo el eje norte-sur de la unidad ortodoxa. En el siglo siguiente, el renacimiento del monaquismo da lugar a una pléyade de *staretz* que suscita gran interés entre grandes escritores y filósofos y amplía esta renovación hasta Rusia. La ortodoxia da entonces a la modernidad uno sus padres, el escritor Fiodor Dostoievski, quien explora los abismos del alma para encontrar al final un Cristo que vence sobre la muerte y los infiernos. Bajo su estela se elabora la luminosa *filosofía religiosa* rusa. Pero esta renovación, que culmina en el Concilio de Moscú

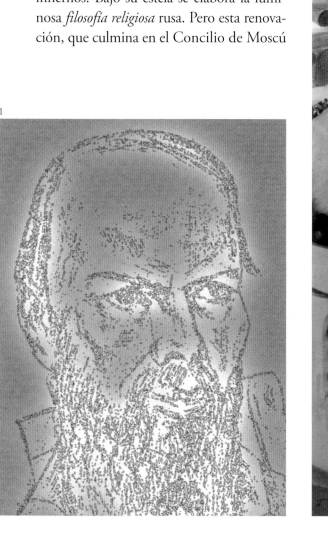

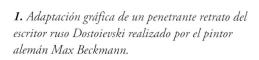

1. *Adaptación gráfica de un penetrante retrato del escritor ruso Dostoievski realizado por el pintor alemán Max Beckmann.*

2. *Boris Kustodiev,* El bolchevique, *1920, Galería Tretiakov, Moscú. Como un gigante de la Historia, el bolchevismo arrolla todos los edificios del antiguo poder hasta encontrarse frente a una iglesia. El pintor ruso era contrario a su destrucción, mientras que el régimen surgido del bolchevismo intentó, aunque sin éxito, eliminarla.*

1

2

de 1917-1918, es aplastada por la Revolución bolchevique. Llega el tiempo de los mártires y las dificultades. La ortodoxia renace tras la caída del comunismo, pero la invasión de subproductos de la cultura americana, la agresividad de las sectas y la negligencia del resto de las confesiones cristianas provocan una ola de integrismo antioccidental, con el rechazo tanto del ecumenismo como de las indispensables reformas litúrgicas. El pensamiento y la espiritualidad quedan relegados a los márgenes de la Iglesia que, incapaz de entender y controlar la modernidad, busca la protección del Estado y se deja politizar.

1. *El patriarca ruso bajo arresto domiciliario. Se trata de un dibujo emblemático de la violenta política del bolchevismo con la Iglesia ortodoxa, que tuvo que asistir a destrucciones, saqueos, ejecuciones y secuestros.*
2. *Imagen de 1990 de gran simbolismo, obra del fotógrafo Giovanni Chiaramonte:* Demolición del Muro de Berlín.

3. *La flecha roja nos lleva hasta otra fotografía, sobre el llamado* poscomunismo, *cuyo nuevo símbolo es el resurgir de los grandes almacenes GUM de Moscú. Occidente entra en Rusia como expansión del consumo y desencadena una feroz competencia social que hiere profundamente la sociedad moscovita y agranda la distancia entre pobres y ricos, además de provocar un nuevo materialismo.*

5
FUNDAMENTOS
TEOLÓGICOS

Dios, que se ha revelado en las profundidades del universo y después en un pueblo y su ley, se manifiesta plenamente en la humanidad divina de Cristo. Existencia personal absoluta y, por eso mismo, en comunión, Jesucristo, máxima expresión del hombre, es una existencia universal. Lleva en sí a toda la Humanidad. No ha creado el mal, pero se encarna para afrontarlo y ofrecer a los hombres, convertidos nuevamente en creadores y creados, el camino de la resurrección.

La Comunión de los santos, es decir, de los vivientes, es imagen y prolongación de la existencia divina misma. Jesús revela que el abismo divino, del que sólo se puede hablar en el *no* lenguaje *apofático* que tiende al silencio de la adoración, es en realidad un abismo paterno, un abismo de amor y libertad del que emana, a través

1. *La esencia de la ortodoxia radica en la reflexión sobre la realidad de la Encarnación. Este icono (siglos XI-XII, Galería Tretiakov, Moscú), conocido como la* Virgen de Vladímir, *recibe también el nombre de* la Encarnación *o* la Ternura.

2. *Uno de los mosaicos más famosos de la historia rusa perteneciente al período inicial, denominado* Rus. *Se encuentra en el ábside de la Iglesia de Santa Sofía de Kiev, actualmente República de Ucrania, origen de toda la cultura ortodoxa rusa. Cristo reparte la comunión entre los apóstoles, que representan de este modo la primera comunidad cristiana.*

del Hijo, el Espíritu Santo, el gran soplo *dador de vida*. Dios es de tal manera *uno* que lleva en sí, sin separación alguna, el misterio del *otro*. Él es Dios Trino, inseparable, unidad absoluta y diversidad absoluta.

Dios es secreto y amor, completamente incognoscible pero que se vuelve accesible del todo. Las *energías* divinas, la luz de la Transfiguración y, mediante la eucaristía, de la parusía, hacen del universo una zarza en llamas velada por nuestra ceguera. La santidad consiste en hacer que emerja a la superficie de la historia esta incandescencia secreta para preparar la llegada del Reino de Dios.

Hecho a *imagen* de Dios, el hombre puede, con su libertad unida a la gracia, transformar esta imagen en una *semejanza y* participación. Puede, por tanto, evitar los condicionamientos de este mundo e incluso modificarlos. Está llamado a una existencia trinitaria, esto es, en Cristo, en la fuerza del Espíritu Santo, para llevar en sí a toda la Humanidad respetando infinitamente la diversidad ajena.

1. El descenso de Cristo a los infiernos en un fresco de Estambul, en la antigua Iglesia de San Salvador en Chora, actualmente Museo Kariye, que representa el vigor con que Jesús arranca a Adán y Eva —con ellos a toda la Humanidad— de la tumba, alzándose sobre las puertas abatidas de los infiernos, para que resuciten con él.
2. El célebre icono de la Trinidad pintado por Andréi Rubliov entre 1425 y 1427 para el Monasterio de la Trinidad de San Sergio en Sergiev Posad (Rusia). Actualmente se conserva en la Galería Tretiakov de Moscú.

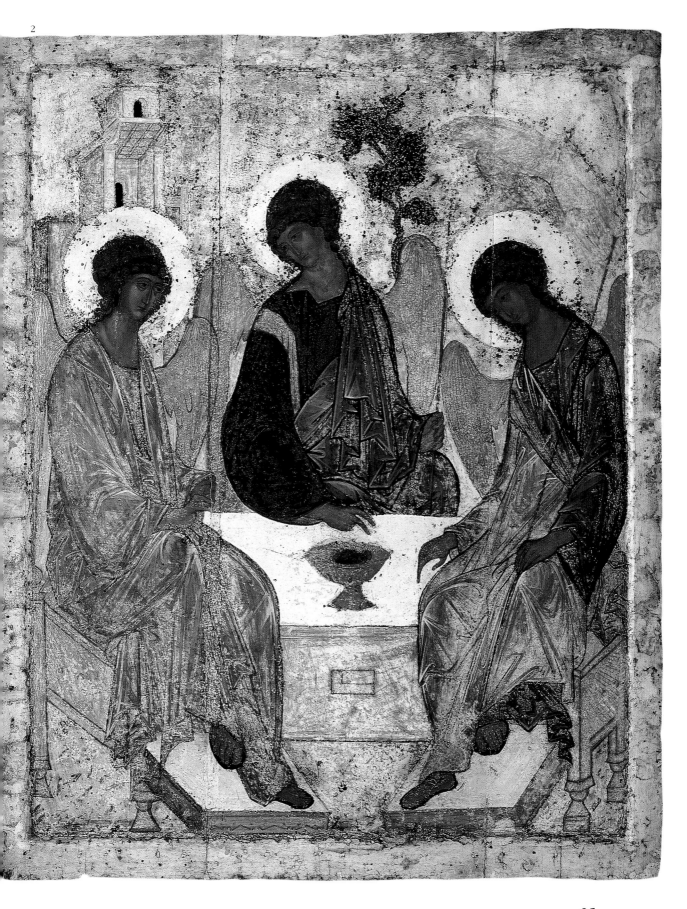

Las *energías* divinas, la luz de la Transfiguración, alcanzan y mantienen todas las cosas. La *Naturaleza* no es real a menos que forme un todo con la *Gracia*. El universo está llamado a convertirse en eucaristía.

En época moderna, los *sofiólogos* rusos —así como los filósofos Vladímir Soloviev (1853-1900) y Pável Florenski (1882-1937) y el teólogo Serguéi Bulgakov— han insistido en la omnipresencia de la *sofía*, es decir, de la sabiduría, en el ámbito de un humanismo divino capaz de englobar tanto la idea oriental de lo *divino* como el humanismo occidental, retomando aquí las ideas de Soloviev.

1. Además de en Constantinopla y Kiev, también encontramos en Novgorod, al norte de Rusia, otra Santa Sofía. La sofía, retomada por los intelectuales rusos a principios del siglo pasado y que tanta influencia ha tenido en la diáspora, es sin duda una gran contribución de la cultura y la religión ortodoxas a un Occidente que a menudo desea eliminar de su saber cualquier asociación con una sabiduría procedente de Dios. Se trata de una raíz común a toda la tradición ortodoxa, hasta el punto de haberle dedicado las iglesias más famosas.

5
LA IGLESIA COMO MISTERIO
Y COMO PROBLEMA

1. *Bordado del último cuarto del siglo XV procedente de Moldavia. Representa la comunión de los apóstoles y servía para cubrir el cáliz durante la celebración de la Eucaristía hasta el momento en que se recitaba el Credo. Las imágenes de este tipo reciben el nombre de* anamnesis, *que en griego significa 'recuerdo', y se diferencian de las representaciones de la Última Cena porque son expresión directa del rito eucarístico, en las que Jesús, como un sacerdote, distribuye la comunión al grupo de apóstoles. A partir del siglo XI, Cristo puede aparecer precisamente en las capillas absidales de las iglesias bizantinas como un sacerdote, impartiendo la comunión a los apóstoles bajo las formas del pan y del vino. Es la expresión de una liturgia que se desarrolla permanentemente en el cielo y que sirve de modelo para la liturgia terrenal de la celebración eucarística.*

2. *Esbozo de un icono sobre el Concilio de Nicea recogido en una obra sobre iconos redactada por Uspenski y Losski en los últimos decenios del siglo XX.*

2

La concepción ortodoxa de la Iglesia refleja los fundamentos teológicos apenas descritos. Cuerpo de Cristo, templo del Espíritu Santo, casa del Padre, la Iglesia es una comunión de fe y amor porque es sobre todo una comunión de comunidades eucarísticas. La conciliación permanente de estas últimas está garantizada por la presencia de los obispos primados, encargados de que la vida y el amor fluyan entre ellas: los obispos metropolitanos, en sedes de provincias; los patriarcas, en zonas más amplias, coincidiendo con una cultura o un país; y, por último, el primado de honor y servicio del patriarca ecuménico, el de Constantinopla, tras la separación entre el Oriente y el Occidente cristianos.

Todos los caminos eclesiásticos deben tener un carácter sinodal. De este modo, en el primer milenio se preservó la fe mediante los *concilios ecuménicos* (celebrados dentro del Imperio Romano de Oriente, que aspiraba a ser cristiano y universal y, por consiguiente, ecuménico), que sirvieron sobre todo para establecer los diferentes aspectos de la cristología. Posteriormente, se preservó mediante los *concilios regionales*, «reconocidos» al final por toda la ortodoxia: como el del siglo XV sobre la distinción o identidad entre esencia y energía en Dios; el del siglo XVIII, para determinar la posición de la ortodoxia ante la Iglesia de Roma y la Reforma protestante, o el del siglo XIX, para condenar el

1. Icono del siglo XVI, obra del pintor Michael Damaskinos, actualmente en el Monasterio de Santa Caterina del Sinaí. Representa el primer concilio ecuménico, el de Nicea.
2. Vista de la Catedral del Monasterio del Salvador sobre el río Miroza, en Pskov, al norte de Rusia, uno de los principales lugares de expresión artística y religiosa desde la Edad Media.

1. *Junio de 1990. El Muro de Berlín había caído el año anterior, en 1989; el régimen soviético está a punto de disolverse en Rusia y el presidente, Gorbachov, se reúne con Alexis III, nuevo patriarca de la Iglesia ortodoxa rusa. La Iglesia ortodoxa se prepara para entablar nuevas relaciones con un poder político en pleno cambio.*

1

nacionalismo religioso. En la actualidad, movidos por una postura conciliadora, se organizan conferencias panortodoxas y *sinaxis* (reuniones solemnes) que reúnen a los primados de las Iglesias autocéfalas.

Todo ello no impide que esta eclesiología sufra desde hace tiempo el peso de la historia. El nacionalismo exacerbado de los países balcánicos y de Rusia convierte la interdependencia de las Iglesias autocéfalas en una yuxtaposición de independencias. La Iglesia tiene dificultades para controlar la libertad adquirida ante el Estado, al que parece pedir protección de manera generalizada. El episcopado es una oligarquía a la que se accede por cooptación y el patriarca, que en Rusia condena cualquier innovación, ejerce de monarca absoluto. Por otra parte, el patriarcado ecuménico de Constantinopla, debilitado por la historia a causa de la formación de las Iglesias autocéfalas balcánicas y del *intercambio* de población entre Grecia y Turquía, se muestra incapaz de erigirse en promotor de iniciativas, portavoz y coordinador de las diferentes iglesias ortodoxas.

7
LA LITURGIA, *CIELO EN LA TIERRA*

Un ortodoxo experimenta principalmente su pertenencia a la Iglesia con la liturgia. La eucaristía, *misterio de los misterios,* en que todo se cumple por obra del Espíritu Santo, por invocación *(epíclesis)* del sacerdote y del pueblo, se acompaña de un extenso corpus de himnos que enmarcan las lecturas bíblicas dentro de un comentario doctrinal o espiritual y transforman la

2. Doble página de un código miniado del Monte Athos con los cuatro Evangelios. Monasterio Xiropotamou, códice núm. 115. Reproducción en una página de la apertura del Evangelio de san Mateo con la miniatura que representa al evangelista trabajando a un lado y, al otro, el inicio del propio Evangelio espléndidamente miniado (siglo XIII).

1. *Un monje del monte Athos tocando el simandrón, un instrumento de percusión hecho de madera que se usa para llamar a los oficios litúrgicos.*

2

2. *Uno de los iconos de las fiestas en la Catedral de Trinidad, en el Monasterio de la Trinidad de San Sergio de Posad (Rusia). Representa la Última Cena, donde el artista, de la escuela de Rubliov, ha conseguido expresar todo el dramatismo del momento. Domina el gesto de Judas que, estirándose para alcanzar el plato, se revela como traidor ante la mirada consciente de Jesús.*

teología de los Padres de la Iglesia y de los concilios en poesía. Durante la liturgia, todo se canta o salmodia sin usar instrumentos: la música queda al servicio de la palabra, utilizando fórmulas procedentes tanto de la Antigüedad grecorromana como de los oficios recitados en las sinagogas. Los textos están llenos de antinomias que desarrollan la fundamental, la de Dios más allá del concepto de Dios y del Cristo crucificado. Gracias a la intermediación de una belleza pacificante y luminosa, la liturgia no es solamente el anuncio de la Palabra de Dios, sino también un anticipo del Reino, *el cielo en la Tierra,* como dijeron en el siglo X los enviados rusos a Constantinopla.

La maravilla de la Resurrección se extiende desde la Pascua hasta el ciclo anual de las fiestas, desde el domingo —*primer y octavo día* de la semana, día eucarístico por excelencia— al ciclo semanal.

Los recién nacidos reciben la comunión nada más ser bautizados y confirmados. La comunión causaba tal temor que era y sigue siendo poco habitual para los adultos. Los idiomas litúrgicos como, por ejemplo, el eslavo eclesiástico en Rusia, cargado de poesía y misterio, se han vuelto incomprensibles para casi todos, y las oraciones más importantes —especialmente la epíclesis— han acabado transformadas en *oraciones secretas* por culpa de un temor reverencial. El pueblo permanece pasivo mientras el coro canta, lo que hace que la liturgia tienda a convertirse en un espectáculo sublime.

Actualmente, numerosas parroquias trabajan para mejorar esta situación, a la vez que desarrollan un importante servicio social, especialmente en Rusia.

1. *12 de junio de 1988. Celebración al aire libre de la* misa del milenio *en el Monasterio de San Daniil, convertido en nueva sede del patriarcado de Moscú, presidida por el patriarca ruso Pimen y oficiada conjuntamente con el resto de patriarcas ortodoxos en memoria del nacimiento de la Rus cristiana en Kiev.*

2. *Un incensario, recipiente donde se quema el incienso durante los servicios religiosos, regalo de una zarina a la Catedral del Arcángel del Kremlin (Moscú). El incienso es una resina de origen vegetal que al arder desprende un perfume utilizado desde la Antigüedad con fines rituales: comunicar con lo divino y envolver al fiel con su fragancia.*

3. *Vista de algunos edificios del famoso monasterio dedicado a san Sergio en los alrededores de Moscú. Centro de espiritualidad rusa, ha dado un nuevo impulso a la liturgia en la vida de la comunidad y es también meta de continuos peregrinajes.*

3▷

2

1

8
EL ICONO

El séptimo concilio ecuménico (Nicea II, en el año 787) justificó la veneración de las imágenes sagradas. Con la Encarnación, que pone punto final a la prohibición del Antiguo Testamento de hacer imágenes, Dios se ha mostrado con rostro humano: «Quien me ha visto, ha visto al Padre», dijo Jesús (Juan 14, 9) iluminado por una luz que es la del Espíritu Santo. El famoso icono de Andrei Rubliov (1360-1430) representa magistralmente el movimiento de amor que une y distingue a la Trinidad.

El icono aparece hacia el siglo VI, cuando asocian al rostro de las imágenes el símbolo que representaba *desde el exterior* su divinidad o santidad. El icono emana una presencia personal. No hay fuentes visibles de luz ni sombras ni puntos de fuga

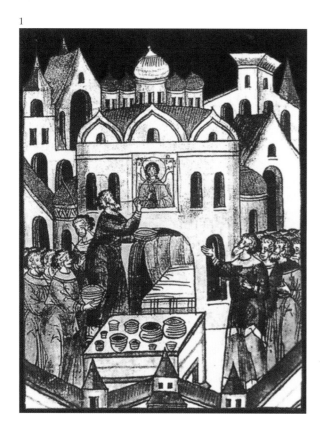

1. Miniatura del siglo XVI conservada en la Biblioteca de la Academia de las Ciencias de San Petersburgo, en Rusia. Representa al gran artista Teófanes el Griego pintando un icono en la segunda mitad del siglo XIV.

3

2. *Icono de la fiesta de Navidad pintado en Novgorod (Rusia) en el siglo XV y conservado actualmente en la Galería Tretiakov de Moscú. Recoge varias escenas: María tumbada conforme la tradición rusa, el Niño Jesús en el pesebre con el asno y el buey, la llegada de los Reyes Magos (que representan los distintos pueblos de la Tierra) con los regalos, el anuncio a los pastores, José en primer plano y las mujeres lavando al Niño, y la estrella descendiendo con tres rayos desde lo alto. En la parte superior, tres santos (Eudoxia, Juan Clímaco y Juliana).*

3. *Icono del siglo XX del pintor Grigori Krug para la Iglesia del Espíritu Santo en Le Mesnil Saint-Denis (Francia). Representa un santo pintor de iconos llamado precisamente Gregorio Iconógrafo, que vivió en el siglo XII en el Monasterio de las Grutas de Kiev, donde pintó numerosos iconos de gran valor y belleza.*

50

que delimiten el espacio, sino que todo está iluminado desde el interior por Dios, *todo en todo*. El cuerpo, alargado hasta el extremo, tiende hacia el rostro y este, a su vez, se concentra en la mirada.

A partir del siglo XV, para demostrar que el templo cristiano imita y completa el del Antiguo Testamento, se levanta una pared divisoria cubierta de iconos, el iconostasio, que sirve para separar y a la vez unir la nave con el santuario (el lugar donde se encuentra el altar).

El arte del icono, sobrio y contenido, esencialmente teológico, es un arte litúrgico sometido a reglas estrictas. Esto no ha limitado en modo alguno la creatividad de los artistas ni ha impedido auténticas innovaciones, siempre y cuando respetaran el ámbito de la divina humanidad. Después de la crisis iconoclasta (siglos VIII-IX), iconos, frescos y mosaicos se vuelven cada vez más hieráticos y resaltan el aspecto divino, hasta la llegada del renacimiento impulsado por la dinastía

1. Esquema de un iconostasio: 1) Puertas Santas: a, e, a¹, Anunciación, y b, c, d, e, los cuatro evangelistas. 2) La Última Cena. 3) Soportes de las Puertas Santas con las siluetas de los Santos Padres liturgistas. 4) Icono del Cristo o icono del Advenimiento, o de la figura a la que esté dedicada la iglesia. 5) Icono de la Madre de Dios. 6) y 7) Puertas norte y sur con los iconos de los arcángeles o de los santos diáconos. 8 y 9) Otros iconos. 10) Deesis. 11) Iconos de las fiestas litúrgicas. 12) La fila de los profetas. 13) La fila de los patriarcas.
2. Monje pintando en uno de los monasterios del monte Athos en Grecia. La tradición de los iconógrafos se ha renovado constantemente a lo largo de los siglos entre los monjes ortodoxos que habitan en los monasterios de la península del monte Athos.
3. Iconostasio recién construido y pintado de un pequeño monasterio femenino cerca del famoso monasterio de Kaleni, en Serbia.

3

1

bizantina de los Paleólogos (siglo XIV), en que se afirma el aspecto humano. En época moderna se han realizado majestuosas creaciones desde el monte Athos hasta Alepo, en Siria, que alcanzan el culmen de la belleza y de la profundidad espiritual en los frescos (también exteriores) de los monasterios moldavos. Tras una decadencia tardía, actualmente el arte del icono renace gracias sobre todo a la Escuela de París (Grigori Krug, 1909-1969, y Leonid Uspenski, 1902-1987).

1. La Deesis es una parte importante del iconostasio. Aquí puede verse un ejemplo famoso, obra de Andrei Rubliov y sus ayudantes. En la Deesis vemos a Cristo majestuoso entre una aureola de querubines, la Madre de Dios, san Juan Bautista y los apóstoles Pedro y Pablo. Iconos monumentales de la Catedral de la Dormición de Vladímir, Galería Tretiakov (Moscú) y Museo Ruso (San Petersburgo).

8
EL MONAQUISMO Y EL HESICASMO

Los monjes son como la vanguardia de la Iglesia y han impedido siempre que se mezcle con *este mundo*. Existe un solo orden monástico que tiene como único fin la contemplación, aunque con numerosos aspectos que permiten adaptarse a las diferentes vocaciones personales: desde la vida comunitaria hasta la eremita, la itinerante o la de la locura simulada. La república monástica del monte Athos, en el norte de Grecia, a la que acuden monjes de todo el mundo ortodoxo, está viviendo un profundo cambio.

Los monjes no suelen ser sacerdotes, pero a veces son padres espirituales (en ruso *staretz*) que han recibido el *discernimiento de los espíritus,* convirtiéndose en ejemplo y guía para los laicos.

1. Monjes trabajando en los campos del monte Athos. El trabajo, tanto agrícola como artesanal, forma parte del programa monástico, igual que en muchas comunidades occidentales similares.
2. Un monje del monte Athos en estado contemplativo delante del mar. Al fondo, el Monasterio de Stavronikita. Cuando el mar está transparente y acaricia las costas de la Santa Montaña, parece recordar al monje su llamada a volverse también él transparente a la acción de Dios, para bien del mundo.

1

La columna vertebral del monaquismo ortodoxo es la tradición hesicasta (del griego *hesychía,* 'paz', 'dulzura', 'silencio de la unión con Dios'). «Arte de las artes y ciencia de las ciencias», el hesicasmo se basa en un *método* que comporta aspectos psicosomáticos como, por ejemplo, la invocación del nombre de Jesús marcada por el ritmo de la respiración, o del latido del corazón, para favorecer la unión de la inteligencia con el corazón (considerado lo más profundo de la persona, el punto en el que esta se recoge y va más allá de sí misma).

La vía hesicasta se compone tradicionalmente de tres etapas:

1) La *praxis,* lucha ascética para liberarse de las *pasiones* idolátricas y transformar en *virtud* la energía que roban. Las virtudes son divinas y humanas y, dentro de Cristo, se sintetizan en la libertad interior *(apátheia)* y el amor.

2) La *theoría physiché,* contemplación de la gloria de Dios en los seres y en las cosas, visión de sus *lógoi,* esencias espirituales radicadas en el *logos* ('verbo') divino.

3) La *theoría* propiamente divina, la iluminación de corazón y espíritu por obra de la Luz increada que irradia del Padre a través del Hijo en el Espíritu Santo. El hombre se vuelve luz y busca siempre su inaccesible fuente. Es la *deificación,* participación en la misericordia de Dios y en su lucha de resurrección contra el mal.

1

*1. Escena de devoción cotidiana. Un monje
encendiendo una vela que ilumina un icono.
Todos los cristianos están invitados a medirse
con la espiritualidad del monaquismo
ortodoxo, que el cristianismo oriental ha
considerado siempre un modelo de referencia
individual, dado que todos deben dejar un
espacio en sus vidas a la presencia de Dios.
2. Vista del complejo monástico de Studenica
en Serbia (siglos XII-XIV), y parte de su iglesia,
llamada de la Madre de Dios. Se trata de uno
de los monasterios serbios más importantes,
gran impulsor de la arquitectura y la pintura,
puente entre el arte bizantino del mundo
eslavo y el arte románico de la Europa
occidental.*

56

2

10
UN TEXTO DE SERGUÉI BULGAKOV SOBRE SU CONVERSIÓN

Los años pasaban y yo no encontraba las fuerzas para dar el paso decisivo [...]. Hasta que una poderosa mano me animó [...].

Otoño. Un páramo perdido en medio del bosque [...]. Había aprovechado una ocasión para llegar hasta allí con la secreta esperanza de encontrar a Dios. Pero no conseguía tomar una decisión. Asistía a la misa de vísperas, insensible y frío. Cuando acababa el oficio, salía de la iglesia casi corriendo [...]. Me precipitaba angustiado hacia mi alojamiento sin ver lo que estaba a mi alrededor. Volví en mí... en la celda de un staretz. *Me habían conducido, había ocurrido un milagro [...]. A la vista del hijo pródigo, el padre acudió a su encuentro. Y él me enseño que todos los pecados del hombre no son más que una gota en el océano de la misericordia divina. Salí de aquel lugar perdonado, reconciliado, temblando y llorando. Me sentía como si unas alas me hubieran transportado hasta el recinto del templo [...]. También se refería a mí el Evangelio que hablaba del perdón otorgado a la mujer que había amado mucho. Y me había sido concedido paladear el santísimo Cuerpo y la Sangre de mi Señor.*

Luz no crepuscular, Moscú, 1917

Serguéi Bulgakov escribió este texto en torno a 1910, con unos cuarenta años, cuando era diputado del Parlamento ruso (Duma). Teórico marxista desde su juventud, sintió después un interés creciente por el cristianismo.

1. *Fotografía de Serguéi Bulgakov.
Nació en Rusia en 1871 y murió en
París en 1944. Hijo de un pope
ortodoxo, marcado por el ritmo de la
liturgia y el sentido de la tierra sagrada,
se adhirió primero al marxismo para, a
continuación, hacia 1910, abrazar de
nuevo con fuerza la fe cristiana.
Universitario y hombre político
(diputado de la segunda Duma), se
convirtió en monje en 1918. Exiliado
en 1923, se estableció en París, donde
fundó el Instituto Saint-Serge. Elaboró
una gran síntesis teológica basada en el
tema de la sabiduría: sabiduría
increada, rostro de Dios lleno de
ternura hacia la creación, y sabiduría
creada, transparencia de la creación en
presencia de Dios. La síntesis total se
concreta en la Encarnación.*

1

2

2. *Cuadro de 1889 de Mijaíl Nesterov. Representa a un eremita, figura identificada habitualmente dentro de la tradición rusa con un* staretz, *que significa 'padre espiritual'. El cuidado de las almas a manos de hombres de gran experiencia interior constituye la base de las estructuras monásticas organizadas en comunidades.*

3. *Aparición de Cristo resucitado a María Magdalena. Icono cretense del siglo XVI conservado en el Museo de los Iconos de Dubrovnik, en Croacia. Jesús se aparece vivo a la mujer que, como recuerda Bulgakov en el fragmento incluido en estas páginas, Dios había perdonado por haber amado mucho.*

GLOSARIO

Los términos en mayúsculas remiten
a la voz correspondiente

antinomia   Recurso habitual de la TEOLOGÍA y la LITURGIA ortodoxa. Consiste en plantear dos proposiciones contradictorias y afirmar que ambas son verdaderas dentro de una lógica de diferencia e identidad. Así, Dios es uno y trino, Cristo es Dios verdadero y hombre verdadero, y la Gloria y la Cruz son inseparables.

apofatismo   A medida que se acerca a Dios, el pensamiento está destinado a negar cualquier afirmación, imagen, cualidad o símbolo, pues no son más que limitaciones. Dios está siempre más allá, más allá incluso del concepto de Dios.

ascesis   Esta palabra significa ejercicio, lucha interior —mediante el dominio de las pasiones, la castidad y la «vigilancia» *(NEPSIS)*—, con el fin de alcanzar la gracia.

Athos   El monte Athos, 'la Santa Montaña', es una ancha península al norte de Grecia formada por colinas y montañas de hasta 2.000 metros. Desde los siglos X-XII es una federación de veinte monasterios soberanos de todas las nacionalidades (existen también otras comunidades y retiros de menor importancia). En el Athos se descubre con asombro la belleza de la Naturaleza, de la arquitectura, de los frescos, la intensidad de la oración perpetua, litúrgica y personal. En el Athos está prohibida cualquier presencia femenina salvo la de la Madre de Dios, motivo por el que recibe el nombre de *Jardín de las Vírgenes*. Actualmente está habitado por unos dos mil monjes, normalmente jóvenes de gran cultura. Una reforma reciente ha consolidado y desarrollado el monaquismo comunitario en detrimento del monaquismo *idiorrítmico* (en el que cada monje vive *siguiendo su propio ritmo*).

autocefalia   La ortodoxia se compone de Iglesias autocéfalas. Cada una elige su propio primado, es decir, su *propia cabeza*. La autocefalia supone una situación de dependencia, ya que cada Iglesia debe ser reconocida por las otras y, sobre todo, por el patriarcado ECUMÉNICO de Constantinopla.

bautismo y confirmación (unción con el *myron* sagrado)   Estos dos sacramentos, administrados en un solo rito, representan la iniciación cristiana que permite acceder a la EUCARISTÍA. El bautismo es una muerte y resurrección con Cristo y en Cristo, y la confirmación, una especie de Pentecostés personal.

concilio   Asamblea de obispos para definir la fe y la organización de la Iglesia. Las decisiones se toman por unanimidad, si bien los fieles tienen que *aceptar* el concilio. Las reuniones son de ámbito local, regional o universal. Es importante distinguir estos concilios, que son ocasiones carismáticas excepcionales, de los concilios administrativos periódicos (que suelen celebrarse una o dos veces al año en una sede urbana).

cristología   Derivada del griego, significa literalmente 'estudio o discurso sobre

GLOSARIO

Jesucristo' y se refiere a la parte de la reflexión teológica centrada en los diferentes aspectos de la persona y las acciones de Jesús.

deificación El término, basado en el dicho patrístico por el que Dios se ha hecho hombre para que el hombre pueda convertirse en Dios, se refiere a la manera en que el hombre puede participar de lo divino mediante el encuentro con la GRACIA increada que emana del Padre en el Espíritu Santo a través del Hijo.

diáspora Término tomado de la historia del judaísmo que indica la dispersión de los ortodoxos en época moderna. Su organización sigue siendo un problema sin resolver.

eclesiología Deriva del griego y significa literalmente 'estudio o discurso sobre la Iglesia'. Es la parte de la TEOLOGÍA que se ocupa de la naturaleza y la misión de la Iglesia.

ecuménico Literalmente significa 'universal', la tierra habitada. De ahí las expresiones IMPERIO ecuménico, CONCILIO ecuménico o patriarcado ecuménico. En época actual hace referencia al esfuerzo de los cristianos por recuperar la unidad. Las Iglesias ortodoxas forman parte, no sin gran dificultad, del Consejo Ecuménico de las Iglesias, que reúne a protestantes, anglicanos y ortodoxos.

epíclesis Literalmente, 'invocación'. Dentro de la LITURGIA eucarística es la oración de invocación al Espíritu Santo para que transforme el pan y el vino en cuerpo y sangre de Cristo.

eucaristía Deriva del griego y significa literalmente 'acción de gracias'. Indica dentro del culto la manera en que el sacrificio de Cristo puede llevar actualmente a la presencia real del Señor: bajo las especies del pan y del vino. Durante la celebración de la eucaristía se produce la auténtica unión del individuo y de la comunidad con Jesucristo.

Filocalia Literalmente significa 'amor a la belleza'. Es una antología de textos de TEOLOGÍA mística. La gran *Filocalia* griega, traducida muy pronto al eslavo eclesiástico y después al ruso, se publicó en Venecia en 1782. En nuestros días, el padre Dumitru Staniloe ha elaborado en Rumanía una inmensa *Filocalia* con comentarios que demuestran su actualidad.

gracia Deriva del latín *gratia* y evoca al mismo tiempo lo gratuito y lo bello. Desde el punto de vista religioso define la relación íntima con Dios a través de Jesús y con el Espíritu Santo, relación fruto del bautismo y renovada con los sacramentos.

iconoclastia Movimiento religioso del IMPERIO bizantino que durante los siglos VIII-IX condenó y combatió el culto a las imágenes sagradas, exigiendo su destrucción. Fue solemnemente condenada por el Concilio de Nicea en el año 787.

iconostasio Pared divisoria cubierta de iconos en la que se abren tres puertas y que separa la nave (donde están los fieles) del santuario (donde se encuentra el altar). Las filas de iconos se colocan de manera que exponen la his-

GLOSARIO

toria de la salvación, es decir, de arriba a abajo, las filas de los patriarcas, la de los profetas, la de la Iglesia y, en el centro, la Deesis. Esta última representa al Cristo Juez, con la Madre de Dios a su derecha y Juan Bautista a su izquierda, que interceden por la Humanidad.

imperios   La ortodoxia se vive sobre todo en imperios de muchas naciones, ya fueran su inspiración (Imperio bizantino, Imperio ruso), la toleraran (Imperio árabe, Imperio otomano) o, por el contrario, la persiguieran (Imperio comunista). De ahí la difícil afirmación, aunque no por ello menos intensa, de las diferentes naciones.

liturgia   En sentido amplio, el conjunto del oficio y las oraciones. En sentido limitado, la liturgia eucarística.

nepsis   'vigilia, vigilancia'. Oración nocturna. En sentido amplio, 'atención' —al Cristo que llega atravesando los seres y las cosas—.

«oración de Jesús»   Dentro del mundo ortodoxo, esta expresión indica el ejercicio de una oración en la que se repite la invocación del nombre del Señor, solo o incorporado a una fórmula. Con el tiempo ha ido asentándose la siguiente: «Señor Jesucristo, Hijo de Dios, ten piedad de mí, pecador». El objetivo de esta invocación es ayudar al cristiano a vivir en un estado de oración continua, pero sin descuidar por ello las obras de caridad. A principios del siglo XX, la «oración de Jesús» se difundió en Occidente gracias a las numerosas traducciones de los *Cuentos de un pere-grino ruso*. En todo caso, el hecho de pronunciar simplemente «Jesús» repetidamente y al ritmo de la respiración tiene el significado de una repetición no literal, sino vital, señal de una presencia profunda del nombre de Jesús en el corazón del hombre. Según un monje oriental, la invocación del nombre de Jesús es una manera de transfigurar el universo.

ortodoxia   Significa tanto 'recta doctrina' como 'justa celebración' (del griego *orthos*, 'recto', 'justo', y *doxa*, 'doctrina', 'opinión').

Padres de la Iglesia   Nombre que reciben los grandes testigos de la fe —habiéndola expresado mediante sus escritos— que vivieron en el primer milenio, especialmente en el siglo IV. Si Máximo el Confesor (siglo VII) fue un simple monje, el resto de los Padres eran, como mucho, obispos. Comentaban las Sagradas Escrituras al pueblo, preparaban liturgias, ahondaban en la fe con sus escritos, defendían la independencia de la Iglesia contra los poderosos y desarrollaban un amplio servicio social a favor de los pobres.

palamita   Refiere al pensamiento de Gregorio Palamas, gran monje, teólogo y obispo del siglo XIV. Para defender el realismo de la DEIFICACIÓN distinguía en Dios la *esencia* divina, inaccesible, y las *energías*, accesibles. No se trata de una división, sino de una ANTINOMIA, ya que «Dios es totalmente inaccesible y se vuelve totalmente asequible».

parusía   Advenimiento glorioso de Jesucristo al final de los tiempos y de la historia.

GLOSARIO

Pascua La *fiesta de las fiestas,* la de la Resurrección. «Cristo ha resucitado de entre los muertos. A través de la muerte ha vencido a la muerte. A aquellos que están en la tumba (es decir, a todos los hombres) ha regalado la vida» (estribillo litúrgico del rito bizantino que se repite la noche de Pascua).

patriarca Título que recibe el obispo que está al frente de alguna de las principales Iglesias AUTOCÉFALAS. El patriarca celebra siempre sus reuniones en su SÍNODO.

patrístico Adjetivo relativo a los Padres de la Iglesia.

Reino Reino «de Dios» o, por respeto hacia el nombre divino, Reino «de los cielos». Es la presencia experimentada de Dios que, con inesperados rayos de luz, se anticipa en los misterios y la mística, en la belleza y el amor, y se manifestará plenamente en la transfiguración última del universo.

sínodo, sinodal Derivan de una palabra griega que significa 'convenio' y expresan la unión de los obispos entre sí, que tiene lugar en reuniones donde se afrontan asuntos importantes para la fe. V. t. CONCILIO.

Sofía Literalmente significa 'sabiduría' y remite a la Sabiduría propia de Dios. La doctrina de los SOFIÓLOGOS, religiosos rusos del siglo XX, ha hecho especial hincapié en el carácter cósmico de la Sabiduría divina.

sofiólogos Estudiosos de la Sabiduría divina, leen las afirmaciones al respecto recogidas en la Biblia y por los PADRES DE LA IGLESIA, y llegan a una filosofía en la que la acción de la SOFÍA abarca toda la historia y todas las cosas.

staretz En ruso, 'anciano' y corresponde al griego *geron.* Persona, hombre o mujer, independientemente de su función jerárquica, que tras un largo camino de renuncia recibe el don del *discernimiento de los espíritus* o de la *lectura de los corazones* (o *cardiognosia*), que es el conocimiento del otro como revelación.

teología Del griego, literalmente 'estudio o discurso sobre Dios'. Es el aspecto del pensamiento que se ocupa de analizar los datos de la fe y reflexionar sobre ellos. Dentro de la ortodoxia no es un sistema de conceptos, sino un camino de adoración.

uniatismo La Iglesia Católica se anexionó (*unió* a Roma) amplios territorios ortodoxos en 1596 en Polonia y Lituania, en 1700 en Transilvania (entonces territorio húngaro, hoy rumano) y en 1714 en Oriente Medio, conservando el *rito* pero latinizando la mentalidad. Después de la Segunda Guerra Mundial, Stalin aniquiló las comunidades de Europa, que sin embargo se rehicieron tras 1989, no sin enfrentamientos con los ortodoxos locales.

zarza ardiendo El Ángel de Dios se apareció ante Moisés en el monte Horeb, en medio de una zarza que ardía sin consumirse. Es un símbolo con múltiples significados (María, el mundo en Cristo...).

REFERENCIAS ICONOGRÁFICAS

El número en negrita se refiere a la página;
el que está entre paréntesis, a la ilustración

EKDOTIKE ATHENON, Atenas: **12-13**, **15** (2). MASSIMO CAPUANI: **18** (1), **11** (2), **24** (1), **25** (2), **27** (3), **28** (2), **31** (3), **32** (2), **36** (1), **39** (2), **40** (1), **43** (2), **44** (1), **46** (3), **50** (1-2), **52-53** (1), **54-55**, **56** (1). EDITORIAL JACA BOOK, Milán: **9** (1), **10** (1), **21** (2), **26**, **28** (1), **32** (1), **47** (3), **58** (1-2); (Giovanni Chiaramonte): **30** (2); (Sandro Corsi): **23** (3), **30** (1); (Ermanno Leso): **17**; (Gaetano Passarelli): **48** (2); (Mendrea): **38**; (Angelo Stabin): **3**, **18** (2), **19** (3), **20** (1), **24**, **34** (1), **51**. EDITORIAL JACA BOOK, Milán / ISKUSSTVO, Moscú: **4**, **6**, **22** (1) **25**, **35** (3), **41**, **44** (2), **46** (2). KYRIANTZIS, París: **14** (1). INSTITUTO HELÉNICO DE ESTUDIOS BIZANTINOS Y POSBIZANTINOS, Venecia: **59** (3). ISBER MELHEM, Beirut: **49**. GRAZIA NERI, Milán: **42**. EDICIONES PAOLINE, Milán / PATRIARCADO DE MOSCÚ (Antonio Tarzia): **46** (1). JOVAN STOJKOVIC´: **16**. MARLIES VUJOVIC´: **56** (2).

Impreso en Italia

Selección de las imágenes
LASERPRINT, Milán